Y Delyn

The Harp

Ann Rosser

Gomer

Y DELYN

THE HARP

Yng Nghymru rydym yn meddwl am y delyn fel ein hofferyn cenedlaethol. Dyma'r offeryn a welir yn ein gwyliau cenedlaethol ac yn ein hysgolion Cymraeg. Hon gaiff ei chanu pan fyddwn yn anrhydeddu'r bardd yn yr Eisteddfod Genedlaethol ac ar achlysuron arbennig yn ymwneud â Chymru ym mywyd y teulu brenhinol.

Un rhes o dannau oedd i'r delyn Gymreig wreiddiol, ac roedd yn rhaid i'r telynor fod yn arbennig o ddyfeisgar i gynhyrchu hanner tonau drwy ddefnyddio'r bawd yn erbyn y tannau neu drwy symud bachau a osodid ym mol y delyn. Yn aml iawn galwn y math hwn o delyn yn delyn Geltaidd, gan fod enghreifftiau ohoni yn y gwledydd Celtaidd eraill.

In Wales we think of the harp as our national instrument. This is the instrument seen at our national festivals and in our Welsh schools. It is played at ceremonies in the National Eisteddfod and on special Welsh occasions involving the Royal Family.

The original Welsh harp had one row of strings and the harpist had to be very inventive in order to play semi-tones by using his thumb against the strings or by adjusting hooks in the harp's soundboard. This kind of harp is often called the Celtic harp as examples of the instrument can also be found in other Celtic countries, especially Ireland.

In the eighteenth century another harp came to Wales, namely the triple

Llun o'r Brenin Dafydd yn canu'r delyn deires. Darlun gan Domenico Zampieri (1581–1641) yn y palas yn Versailles.

The Biblical King David playing the triple harp. Painting by Domenico Zampieri (1581–1641) at the palace at Versailles.

Yn y ddeunawfed ganrif, daeth telyn arall i Gymru, sef y delyn deires, ac mae'r casgliad mwyaf o delynau teires yn y byd i'w weld yn Amgueddfa Werin Cymru yn Sain Ffagan.

Mae'r delyn deires, fel yr awgryma ei henw, yn cynnwys tair rhes o dannau, y ddwy res allanol wedi'u cyweirio i'r raddfa ddiatonig – sy'n cyfateb i'r nodau gwyn ar y piano – a'r rhes ganol i'r nodau cromatig, sef nodau duon y piano. Câi'r delyn hon ei hystyried yn well offeryn na'r telynau unrhes a oedd yn draddodiadol yng Nghymru, ac roedd hi'n dipyn o gamp i'r telynor cyffredin feistroli'r offeryn yr oedd iddi dros gant o dannau i gyd. Yn wir mae tiwnio'r delyn hon yn gamp ynddi'i hun.

harp; the largest collection of triple harps in the world can be seen at the Museum of Welsh Life, St Fagans.

The triple harp has three rows of strings: the outer rows are tuned to the diatonic scale (like white notes on a piano) and the central row is tuned to the chromatic scale (or the black notes). This harp was considered to be a better instrument than the traditional single harp previously common in Wales, and it was quite a challenge for the ordinary harpist to master an instrument with over one hundred strings. Indeed, tuning the instrument was – and is – a challenge in itself!

Uchod: Telyn deires draddodiadol. Chwith: Telyn Bassett Jones ar gyfer Tywysog Cymru; sylwch ar yr addurn Cymreig arbennig – dail cennin a'r plu Cymreig.

Above: A traditional triple harp. Left: Bassett Jones's harp for the Prince of Wales; note the special embellishment representing a leek and the three feathers.

Daeth y delyn deires o'r Eidal i'r llys yn Llundain, ac oddi yno i Lanrwst, a oedd yn ganolfan arbennig i wneuthurwyr telynau. Yn eu plith yr oedd John Richard a ddaeth yn enwog fel gwneuthurwr medrus iawn.

Roedd ef yn bwysig dros ben yn natblygiad y delyn deires yn ne Cymru hefyd oherwydd symudodd i fyw i blasty Glanbrân yn sir Gaerfyrddin, lle bu'n gwneud telynau teires i ŵr cefnog o'r enw Sackville Gwynn. Ei gynlluniau ef o'r delyn deires a ddefnyddiodd gŵr dawnus arall, sef Bassett Jones o Forgannwg, yn y bedwaredd ganrif ar bymtheg i greu telynau teires hardd iawn. Yn yr Amgueddfa Werin yn Sain Ffagan y mae enghraifft o delyn deires a gyflwynwyd i Dywysog Cymru yn Oes Fictoria.

Daeth telyn o fath arall i Gymru yn ddiweddarach, yn y bedwaredd ganrif ar bymtheg, sef y delyn bedal symudiad dwbl. Dyma'r delyn fwyaf poblogaidd yng Nghymru heddiw. Yn Ffrainc y dyfeisiwyd y delyn hon gan Sebastian Erard, a'i nodwedd bwysicaf yw bod ganddi saith o bedalau sy'n creu hanner tonau wrth dynhau neu lacio'r tannau. Y delyn bedal

The triple harp came from Italy to the royal court in London, and from there to Llanrwst which was a noted centre for harp-making. One Llanrwst craftsman was John Richard who became famous as a skilled harpmaker. He was very important in the development of the triple harp in south Wales because he moved to live at Glanbrân Mansion in Carmarthenshire where he made triple harps for a wealthy man called Sackville Gwynn. It was Richard's triple harp designs which were used in the nineteenth century by another gifted man, Bassett Jones of Glamorgan, to create very beautiful triple harps. The Museum of Welsh Life has an example of a triple harp presented to the Prince of Wales during the Victorian era.

Another kind of harp came to Wales later in the nineteenth century, namely the double action pedal harp. This is the most popular kind of harp in Wales today. This type of harp was devised in France by Sebastian Erard and its most important features are the seven pedals which create semitones by tightening or

Dafydd Iwan a chynrychiolwyr y diwydiant twristiaeth yn lawnsio ymgyrch i ddenu ymwelwyr i Gymru, gan ddefnyddio'r delyn fel symbol o gerddoriaeth Cymru.

Dafydd Iwan and representatives of the tourist industry launching an initiative to attract visitors to Wales, using the harp to symbolize Welsh music.

a ddefnyddir heddiw fel arfer mewn cerddorfeydd ac mewn seremonïau cenedlaethol pwysig.

Erard oedd y prif wneuthurwr telynau pedal, ond erbyn hyn y mae telynau hardd iawn o waith gwneuthurwyr mwy diweddar megis Obermeyer a Salvi wedi cyrraedd y farchnad.

Un o'r gwneuthurwyr pwysicaf yn yr ugeinfed ganrif a ddatblygodd grefft y gwneuthurwr mewn ffordd wreiddiol a mentrus oedd John Weston Thomas. Hyfforddodd ef eraill i ddilyn ei grefft, gan gynnwys Allan Shiers, a gafodd nawdd

slackening the strings. It is the pedal harp which is used today in orchestras and in most public performances.

Although Erard was the main harpmaker of the nineteenth century, beautiful harps are made today by more recent makers such as Obermeyer and Salvi.

One of the most important makers of the twentieth century was John Weston Thomas who developed the craft in an original and inventive way. He trained others to follow his craft, including Allan Shiers who recently received European

Uchod: gweithdy gwneud offerynnau traddodiadol o'r ddeunawfed ganrif; mae'r delyn yn cael lle canolog.
Above: a musical instrument workshop in the eighteenth century showing harps under construction.

Isod: Allan Shiers wrth ei waith yn gwneud telyn.
Below: Allan Shiers in the process of building a harp.

o Ewrop ac yn lleol yn ddiweddar i greu busnes cymunedol yn Llandysul o'r enw Telynau Teifi. Cyflogir crefftwyr lleol yno a bydd telynau o bob math yn cael eu cynhyrchu gan y cwmni. Buddsoddwyd dros filiwn o bunnoedd yn y fenter a gobeithir y bydd canolfan i'r delyn yn datblygu yno.

Diddorol iawn yw'r ffaith fod cynifer o delynorion wedi ennill bywoliaeth yng Nghymru dros y canrifoedd. Byddai'r uchelwyr yn cyflogi telynorion yn eu plastai yn y Canol Oesoedd, a pharhaodd y traddodiad hwn hyd at y bedwaredd ganrif ar bymtheg. Weithiau âi telynorion o blasty i blasty gan aros am gyfnod penodol, dros brif wyliau'r flwyddyn i ddifyrru'r boneddigion, gan gyfeilio i ddawnsio a chanu.

Roedd y dawnsio yn y plastai ac ymhlith y werin yn bwysig dros ben ym myd adloniant erstalwm. Byddai'r hen ddawnsfeydd yn aml iawn yn gysylltiedig

and local funding to found a community business in Llandysul in west Wales, called Telynau Teifi. Local craftsmen are employed there and all kinds of harps will be produced by the company. Over £1 million has been invested in the venture and it is hoped that a centre for the harp will develop there.

It is interesting to see how many harpists have made a living through playing in Wales throughout the ages. In the Middle Ages noblemen would employ harpists in their manor houses and this tradition continued until the early nineteenth century. Sometimes harpists would travel from one country house to another to entertain the nobility, accompanying the singing and dancing – especially during the main annual festivals.

Dancing was a very important form of entertainment both among the nobility and the ordinary people. The old dances were often associated with church

Hugh Pugh, y telynor, a Richard Williams (Dic Ddall), y canwr, yn dychwelyd o Eisteddfod Gwent a Dyfed, Awst 23 1834.

Hugh Pugh the harper and Richard Williams (Blind Dick) the singer returning from the Gwent and Dyfed Eisteddfod, August 23 1834.

â gwyliau'r Eglwys megis gŵyl Mabsant, a gwyliau'r deuddeg noson adeg y Nadolig. Byddai taplasau haf hefyd yn cael eu cynnal yn yr awyr agored, a'r dawnswyr yn cael hwyl dan y fedwen Fai i gyfeiliant y crwth neu'r ffidil a'r delyn, a hynny weithiau'n rhan o'r ffair gyflogi.

Mae'r cysylltiad rhwng barddoniaeth a chanu'r delyn yn hen iawn. Yn llysoedd y tywysogion a'r uchelwyr yn y Canol Oesoedd, arferai'r pencerdd ganu neu lafarganu ei farddoniaeth i sŵn cerddoriaeth ei delynor ei hunan.

festivals such as Mabsant and the twelve days of Christmas. In the summertime, and especially during May, festivals called *taplas* would be held in the open air, when people danced around a decorated birch tree known as the Maypole, or Y Fedwen Fai, accompanied by the *crwth*, the fiddle or the harp. These celebrations were often a part of the hiring fairs.

The association between poetry and the harp is a very old one. In the courts of the medieval princes and noblemen

Weithiau gelwid y telynor yn fardd. Mae'n ddiddorol iawn bod rhai geiriau eraill yn y Gymraeg hefyd sydd yn awgrymu'r un cysylltiad, megis 'telyneg' am ddarn o farddoniaeth, 'pencerdd' am delynor ac am fardd, ac wrth gwrs mae'r gair 'cerddoriaeth' yn cynnwys yr elfen 'cerdd' sydd hefyd yn golygu darn o farddoniaeth.

Credir bod y cantorion cynnar yn canu'r alaw tra bod y telynor yn canu amrywiadau ar hon. Awgrymwyd hefyd y byddai'r canwr yn canu neu'n llafarganu geiriau i gyflwyniad y telynor. Yn y Canol Oesoedd gelwid y canwr yn 'atgeiniad', a byddai atgeiniad yn perthyn i'r pencerdd neu'r bardd pwysicaf yn y llys neu'r plasty. Heddiw galwn y canu arbennig hwn gyda'r tannau yn gerdd dant neu'n ganu penillion, ac mae'r grefft wedi datblygu i fod yn gyflwyniad o farddoniaeth wedi'i gosod ar gyfalaw arbennig (a all fod yn un llais, yn ddeulais neu ragor) i gerddoriaeth telyn. Y mae gennym Gymdeithas Gerdd Dant Genedlaethol sy'n cynnal gwyliau arbennig ac yn cyhoeddi cerddoriaeth telyn a chylchgrawn blynyddol, yn llogi

the head poet, or 'pencerdd', would recite his poetry to the accompaniment of his personal harpist. Sometimes the harpist was also called a poet. It is interesting to note that some Welsh words reinforce this connection, such as 'telyneg', a piece of poetry; 'pencerdd' for both the chief poet and the chief harpist; and the word 'cerddoriaeth', the Welsh word for music, includes the element 'cerdd', which also means 'poem'.

It is believed that early singers would sing one tune while the harpist played variations on that tune. It was also suggested that the singer would sing or chant words to the music of the harpist. In the Middle Ages the singer was called an 'atgeiniad', and the *atgeiniad* belonged to the *pencerdd*, the most important poet in the court. Today, this special mode of singing with the harp is called 'cerdd dant' or penillion singing and has developed to be a presentation of poetry set to a specific tune in harmony with harp music. There is a national Cerdd Dant Society which holds festivals and publishes harp music and an annual magazine in Welsh. The society also rents

Parti cerdd dant yn cystadlu yn Eisteddfod yr Urdd.

A penillion singing party compete at the Urdd Eisteddfod.

telynau i delynorion ifanc, ac yn cynnal cyrsiau ar y grefft o osod cerdd dant.

Difyrrai'r telynor drwy berfformio ar ei ben ei hun hefyd, gan ganu ei drefniadau ei hunan o'r hen alawon ar y delyn, ac fe ddaeth telynorion Cymru'n enwog y tu allan i Gymru, a chael eu noddi gan wŷr cyfoethog i gael hyfforddiant pellach ar eu hofferyn. Un o gymwynaswyr enwocaf y delyn oedd Edward Jones, Bardd y Brenin (1725 – 1824). Symudodd i Lundain o'i gartref yn

harps to young harpists and runs courses on the craft of arranging cerdd dant.

The harpist also used to entertain by performing alone – by playing his own arrangements of the old airs – and Welsh harpists became famous beyond Wales, where they received sponsorship from wealthy men to recieve further training on the instrument. One of the most famous benefactors of the harp was Edward Jones, known as *Bardd y Brenin* or the King's Poet (1725–1824). He

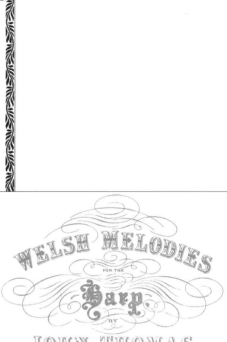

Llandderfel a daeth yn berfformiwr enwog ar y delyn bedal yn ogystal â'r deires a chyhoeddi casgliadau o alawon telyn ac alawon traddodiadol Cymreig. Telynor enwog arall a ddechreuodd drwy ganu'r deires oedd John Thomas, Pencerdd Gwalia (1826–1913). Aeth yntau hefyd i Lundain a dod yn delynor i'r Frenhines Fictoria. Mae telynorion heddiw i gyd yn gwybod am John Thomas fel un a gyhoeddodd alawon Cymreig wedi'u trefnu'n arbennig ar gyfer y delyn bedal.

Byddai'r telynorion hefyd yn perfformio yn y gwestai a'r tafarndai ac o ganlyniad roedd rhai'n cysylltu'r telynor â bywyd ofer ysgafn. Yn ystod diwygiadau crefyddol y ddeunawfed ganrif cafodd rhai telynorion wared ar eu telynau er mwyn dangos i'r byd eu bod wedi cael tröedigaeth. Yn wir fe losgodd un teulu yn Sir Fôn ddwy delyn deires yn eu gardd er mwyn dangos eu diolchgarwch i Dduw fod eu plant wedi'u harbed yn ddiogel rhag damwain. Yn ôl un traddodiad yr oedd Thomas Charles, trefnydd enwog y Methodistiaid, yn methu dygymod â bod yn yr un ystafell â thelyn!

moved to London from his home in Llandderfel and became a famous performer on the pedal harp and the triple harp; he published collections of harp melodies and traditional Welsh airs. Another famous harpist who began by playing the triple harp was John Thomas (1826– 1913). He also went to London and became Queen Victoria's harpist. Harpists today are still familiar with John Thomas as he published Welsh melodies arranged especially for the pedal harp.

Harpists would also play in hotels and inns, and because of this some people associated the harpist with a dissolute lifestyle. During the religious revivals of the eighteenth century some harpists destroyed their harps in the name of religion in order to show that they were renouncing their old way of life. Indeed, one family in Anglesey reputedly burnt two triple harps in their garden to give thanks to God for saving their children from an accident. According to one tradition, Thomas Charles, the famous Methodist, couldn't stand being in the same room as a harp!

Er bod delwedd amharchus i'r telynorion a grwydrai o gwmpas y tafarnau yn y ddeunawfed ganrif, roedd y delyn deires a'r delyn bedal yn cael cefnogaeth mewn rhai cylchoedd 'parchus' hefyd. Sefydlwyd llawer o gymdeithasau Cymreig diwylliannol yn Llundain yn y ddeunawfed ganrif, lle byddai Cymry'r dosbarth canol yn Llundain yn cyfarfod i gymdeithasu ac i fwynhau trafod llenyddiaeth yn sŵn y delyn. Roedd Cymdeithas y Gwyneddigion, a sefydlwyd yn 1770, yn cynnwys telynor yn eu cyfarfodydd yn gyson o 1786 ymlaen. Roeddynt hefyd yn rhoi medalau i'r rhai oedd yn medru canu gyda'r tannau ac yn cofnodi'n fanwl pwy oedd yn ddawnus yn y cyfeiriad hwn. Cysylltir enwau dau delynor pwysig â'r Gymdeithas hon ac â Chymdeithas y Cymmrodorion a'i dilynodd, sef John Parry o Riwabon a John Parry, Bardd Alaw. Roedd y ddau yn berfformwyr o fri ac yn cyhoeddi eu fersiynau eu hunain o'r hen alawon.

Rhoddodd Cymdeithas y Gwyneddigion nawdd i sefydlu eisteddfod arbennig yn y Bala yn 1789 a daeth yr eisteddfod hon yn eisteddfod

Although the wandering harpists who visited the inns of eighteenth century Wales weren't seen as very respectable, the triple harp and the pedal harp did gain recognition in some polite circles as well. Many Welsh cultural societies were founded in London during the eighteenth century where middle-class Welshmen would meet to socialise and discuss literature. Often a harpist would play in the background. The Society of Gwyneddigion, founded in 1770, regularly included a harpist in their meetings from 1786 onwards. They also awarded medals to those who could sing to the accompaniment of a harp. Two important harpists are associated with the Society and with its successor, the Honourable Society of Cymmrodorion, namely John Parry of Rhuabon and John Parry, Bardd Alaw. Both were star performers who published their own arrangements of traditional melodies.

The Society of Gwyneddigion sponsored the founding of an Eisteddfod at Bala in 1789 which became a circulating festival where many poets and harpists would meet annually. Very large

John Parry, Rhiwabon – y telynor dall.   John Parry of Rhuabon – the blind harpist.

grwydrol lle roedd llawer o feirdd a thelynorion yn cyfarfod bob blwyddyn. Datblygodd eisteddfodau mawr drwy'r wlad ar ôl hyn a rhoddwyd lle anrhydeddus ynddynt i'r delyn.

Gan ddilyn patrwm cymdeithasau Llundain, daeth cymdeithasau i hybu diwylliant Cymreig yn boblogaidd drwy Gymru. Person arbennig iawn a sefydlodd un o'r cymdeithasau hyn, sef Cymdeithas Cymreigyddion y Fenni, oedd Arglwyddes Llanofer, Augusta Hall. Sefydlodd hi gylchwyliau'r gymdeithas hon ac fe fynnodd hi fod y delyn deires yn cael lle anrhydeddus ym mhob un. Nid oedd yn credu bod unrhyw werth yn y

eisteddfodau subsequently developed in Wales, where the harp was given a prominent place.

People in Wales followed the lead given by London and formed their own societies to promote Welsh culture. One particular founder and sponsor was Lady Llanofer, Augusta Hall, who founded the Welsh Society of Abergavenny. She set up the festivals of this society and insisted that the triple harp be given centre stage there. She held a dim view of the pedal harp, thinking it worthless, but she maintained triple harpists on her estate, as well as harpmakers, and gave triple harps as prizes in the festivals. She

Eisteddfod Castell Rhuddlan

Rhuddlan Castle Eisteddfod

Thomas Gruffydd (1815–1888), telynor Llanofer.
Thomas Gruffydd (1815–1888), the Llanofer harpist.

Elizabeth Williams o Lanofer, un o ddisgyblion Thomas Gruffydd a gafodd lwyddiant yn yr eisteddfodau.

Elizabeth Williams from Llanofer, a pupil of Thomas Gruffydd who successfully competed at many eisteddfodau.

delyn bedal, a chadwodd delynorion ar y deires ar ei hystad, a hefyd wneuthurwr telynau, a rhoddodd delynau teires yn wobrwyon yn y cylchwyliau. Yr oedd hefyd yn gwahodd enwogion byd y delyn fel Bassett Jones i'w hystad ac yn mynnu eu cefnogaeth i'r delyn deires.

Yr oedd unigolion eraill yng Nghymru a oedd yn gefnogol i'r eisteddfod a'r delyn hefyd. Un o'r rhain oedd Ifor Ceri neu 'Ifor Hael' a alwai feirdd a thelynorion at ei gartref yn ystod wythnos gyntaf pob blwyddyn. Sefydlodd

also invited the celebrities of the harp world, such as Bassett Jones, to her home, and insisted that they also gave support to the triple harp.

Other individuals in Wales also supported the eisteddfod and the harp, such as Ifor Ceri, known as Ifor Hael (Ifor the Generous), who sponsored poets and harpists by inviting them to his home during the first week of every year.

Ifor Hael grŵp o offeiriaid llengar a drefnai eisteddfodau taleithiol rhwng 1820 ac 1834 a rhoddwyd lle amlwg i'r delyn yno, a thelyn arian yn wobr i'r telynor gorau ym mhob un.

Y mae'r delyn yn rhan bwysig o seremonïau'r Orsedd yn yr Eisteddfod Genedlaethol hyd heddiw, a cheir cystadlaethau priodol i delynorion profiadol ac ifanc yn rhan o'r gweithgareddau.

Hyd yma, yr ydym wedi sôn am y telynor fel y prif berfformiwr ar y delyn yng Nghymru. Nid oedd yn arferol i ferched ganu'r delyn cyn y bedwaredd ganrif ar bymtheg, ac nid oedd telynoresau'n perthyn i draddodiad canu'r delyn mewn tafarn. Pan ddaeth yr eisteddfodau mawr yn boblogaidd dechreuodd merched y plastai, rhai fel Arglwyddes Llanofer a Maria Jane Williams, Aberpergwm, gael gwersi telyn a pherfformio eu hunain a daeth yn ffasiynol i ferched ganu'r delyn hefyd. Rhoddid ambell wobr yn yr eisteddfodau i delynoresau'n benodol yn y bedwaredd ganrif ar bymtheg. Erbyn heddiw ymddengys fod mwy o ferched na dynion

He formed a group of literary-minded clergymen who organised eisteddfodau between 1820 and 1834; the harp received a prominent place at these events and a silver harp was given as a prize for the best harpist.

The harp remains an important part of the Gorsedd ceremonies in the National Eisteddfod today, together with various competitions for young and experienced harpists.

We have concentrated so far on men as the chief exponents of harp-playing in Wales. Before the nineteenth century it was unusual for women to play the harp and they certainly had no part in the tradition of harp-playing in the taverns. But when the big eisteddfodau gained popularity some noblewomen, such as Lady Llanofer and Maria Jane Williams of Aberpergwm near Neath, took harp lessons and began performing, so it became fashionable for women to play the harp as well. Some female harpists were even awarded specific prizes in the eisteddfodau during the nineteenth century. Nowadays it seems that more women play than men, and female

yn canu'r delyn a gwelir llawer o delynoresau ifanc yn yr Eisteddfod ac mewn cyngherddau.

Telynores arbennig ar y delyn deires yn yr ugeinfed ganrif oedd Nansi Richards Jones, telynores Maldwyn, a ganai'r deires yn nhraddodiad yr hen delynorion Cymreig. Mae ei hatgofion hi'n cynnwys hanes canu'r delyn a dawnsio dawns y glocsen yn ferch ifanc yn ystafell gefn tafarn y Goat ym Mhen-y-bont-fawr. Yr oedd Nansi yn llinach yr hen delynorion, a sefydlodd dau o'i disgyblion hi, sef y telynorion Dafydd a Gwyndaf Roberts, y grŵp gwerin Ar Log, sy'n dal i ddatblygu cerddoriaeth i'r delyn. Mae un arall o'i disgyblion, Llio

harpists are in the majority at the Eisteddfod and in concerts in Wales.

A notable twentieth-century performer on the triple harp was Nansi Richards Jones who played the triple harp in the traditional style of the old Welsh harpists. She remembers playing the harp and dancing traditional dances as a young girl in the Goat at Pen-y-bont-fawr in Montgomeryshire. Nansi carried on the tradition of the old harpists and two of her pupils, Dafydd and Gwyndaf Roberts, established the popular folk band Ar Log who are constantly developing the harp tradition. Another of Nansi's pupils, Llio Rhydderch, is a notable performer who

Aelodau Ar Log gyda Dafydd Iwan rhwng dwy delyn Gwyndaf a Dafydd Roberts

The members of Ar Log with Dafydd Iwan flanked by the harps of Gwyndaf and Dafydd Roberts.

Rhydderch, yn berfformwraig nodedig sy'n canu cerddoriaeth draddodiadol a chyfoes ar y deires.

Datblygiad pwysig yn yr ugeinfed ganrif, yn 1961, oedd sefydlu Ysgol y Delyn gan y delynores Ann Griffiths ym Mhantybeiliau, yn y Gilwern. Cafodd gryn ddylanwad yn hybu diddordeb yn y delyn ac yn rhoi hyfforddiant i ddisgyblion mewn cynadleddau a chyrsiau. Dechreuodd gwmni cyhoeddwyr Adlais ar y pryd i gwrdd ag anghenion disgyblion Ysgol y Delyn ac, ers hynny, y mae wedi datblygu i argraffu cyfansoddiadau rhyngwladol gan gynnwys rhai Cymreig sy'n cwmpasu gweithiau dros bedair canrif. Yn yr un cyfnod datblygodd Cymdeithas Telynau Cymru (1962–1983) i hyrwyddo canu'r delyn drwy drefnu i atgyweirio telynau ac i baratoi cyflenwad o dannau a cherddoriaeth telyn.

Ar hyn o bryd y mae canolfan arbenigedd yng Nghaerdydd dan yr enw Telynau Morgannwg. Mae'r sefydliad hwn yn trefnu cyrsiau telyn ac yn denu athrawon a myfyrwyr o bob man yn y byd. Ceir cyfle hefyd i berfformwyr

plays both traditional and contemporary music on the triple harp.

An important development in the twentieth century, in 1961, was the founding of the Harp School by the harpist Ann Griffiths at Pantybeiliau in Gilwern. She and her school were influential in increasing interest in the harp and by training pupils on courses and at conferences. A publishing company, Adlais, was set up by her at the same time to meet the needs of the Harp School's pupils. This company has subsequently published international compositions including work from Wales, incorporating pieces composed across four centuries. During the same period, the Welsh Harp Society (1962–1983) promoted harp playing by arranging to repair harps and ensure a plentiful supply of strings and sheet music for the harp.

At the moment a centre of excellence exists in Cardiff, called Telynau Morgannwg. This institution organises courses and attracts tutors and students from all over the world. Performers can specialise in the harp at the College of

Galeri, Caernarfon<space-left/>Galeri, Caernarfon

Elinor Bennett

arbenigo ar ganu'r delyn yng Ngholeg Cerdd a Drama Cymru, Caerdydd, ac yn adrannau cerdd Prifysgol Caerdydd a Phrifysgol Cymru Bangor. Yn y gogledd mae darpariaeth ragorol ar gyfer telynorion yng Nghanolfan Gerdd William Mathias, a leolir yn y Galeri yng Nghaernarfon. Mae'r ganolfan yn gwmni elusennol, a'i chyfarwyddwraig artistig yw'r delynores fyd-enwog, Elinor Bennett. Darperir gwersi, cyrsiau a seminarau ar

Music and Drama in Cardiff and at the music departments of Cardiff University and the University of Wales, Bangor. In north Wales an excellent facility exists at the William Mathias Music Centre, located at the Galeri in Caernarfon. The centre is a charitable company whose artistic director is the world-renowned harpist, Elinor Bennett. Lessons, courses and seminars are arranged there for young and experienced musicians and

Bachgen ifanc, sy'n gefnogwr Man. U, yn cael hwyl wrth ganu'r delyn

Learning to play the harp is as much fun as supporting Man. United!

Catrin Finch gyda'i thelyn bedal fodern hardd.   Catrin Finch with her splendid modern pedal harp.

gyfer cerddorion ifanc a phrofiadol (gan gynnwys telynorion) yno ac mae'r cwmni'n darparu gwasanaeth i roi hyfforddiant ar y delyn yn ysgolion Gwynedd, Môn a Sir Ddinbych.

Cyn-ddisgybl i Elinor Bennett yw'r delynores fwyaf *avant garde* yn y wlad, sef Catrin Finch. Diddorol iawn yw ei bod hi wedi'i dewis am gyfnod yn ddiweddar i fod yn delynores i'r Tywysog Siarl ac y mae hyn eto yn nhraddodiad yr hen delynorion Cymreig.

Yn ogystal â chwmni Adlais y mae cyhoeddwr arall sydd yn arbenigo ar gerddoriaeth i'r delyn, sef Cwmni Alaw sydd yn gwmni teuluol a'i gyfansoddwyr yn gerddorion ac yn athrawon profiadol ar offerynnau cerdd. Mae cyfarwyddwraig y cwmni, Meinir Heulyn, yn ddarlithydd ar y delyn yng Ngholeg Cerdd a Drama Cymru yng Nghaerdydd, ac yn ddolen gyswllt bwysig rhwng y cyhoeddi i'r delyn a'r hyfforddi arbenigol a geir yno, ac yng Ngholeg Telyn Cymru a Thelynau Morgannwg.

Daeth y delyn yn gyffredinol yn boblogaidd iawn yn yr ugeinfed ganrif. Mae gennym delynorion proffesiynol o'r

the company also provides a service to provide harp lessons in schools in Gwynedd, Anglesey and Denbighshire.

A former pupil of Elinor Bennett, Catrin Finch, is Wales's most avant garde harpist today. It's interesting to note that she has been Prince Charles's official harpist, which harks back to the old Welsh tradition.

Another publisher, Cwmni Alaw, also specialises in music for the harp. This is a family company whose composers are experienced musicians and teachers. The director of the company, Meinir Heulyn, is a teacher of the harp at the Welsh College of Music and Drama in Cardiff and forms an important link between the world of publishing and the specialist training given there and in Coleg Telyn Cymru and Telynau Morgannwg.

The harp in general became popular in the twentieth century. We have first-rate professional harpists who have used their talents to develop institutions for teaching the harp. The instrument has become a staple of modern folk music and Wales's leading recording company, Sain, has provided harp-playing with a

radd flaenaf sydd wedi dangos doniau i fentro a datblygu sefydliadau i ddysgu'r delyn. Daeth yr offeryn yn rhan o ganu gwlad modern ac y mae ein prif gwmni recordio – Cwmni Sain, wedi rhoi hwb sylweddol i boblogrwydd canu telyn o bob math. Gwelir telynau amrywiol yn yr ysgolion Cymraeg a dwyieithog drwy'r wlad, ac mae'r Cymry ifanc yn datblygu'n berfformwyr medrus iawn. Erbyn hyn, un o nodweddion arbennig y cyngherddau a'r eisteddfodau yn ysgolion Cymru yw'r corau telynau, ac mae'r rhain a'r holl unigolion ifanc dawnus sy'n perfformio yng Nghymru heddiw yn dyst i'r awydd greddfol sydd ynom fel Cymry i roi bywyd newydd i'n hen draddodiadau.

significant boost by popularizing all kinds of harp performance. Harps of various kinds can be seen in schools throughout Wales and young Welsh children are proving themselves to be very proficient and accomplished players. Nowadays one of the features of school concerts and eisteddfodau in Wales is the harp choirs; these, along with the host of gifted young individuals performing in Wales today, are proof of an instinctive desire to breathe new life into old traditions.

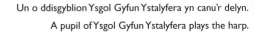

Un o ddisgyblion Ysgol Gyfun Ystalyfera yn canu'r delyn.
A pupil of Ysgol Gyfun Ystalyfera plays the harp.

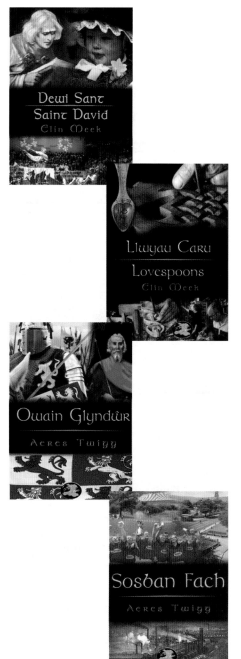

Wonder at all of Wales!

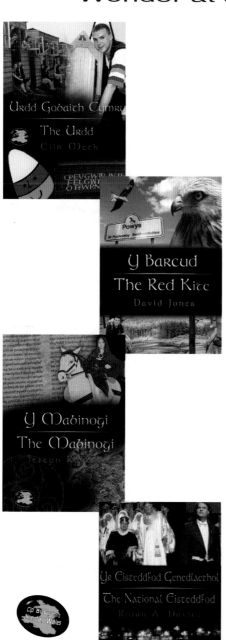

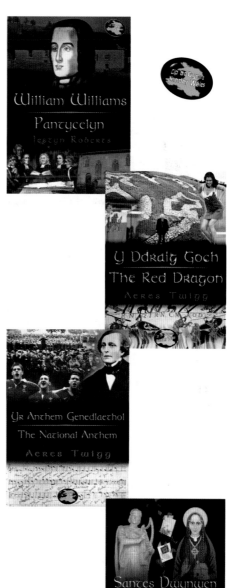

Dymuna'r cyhoeddwyr ddiolch i'r canlynol am roi caniatâd i gynnwys lluniau:
The publishers wish to thank the following for permission to reproduce pictures:

tt.2, 24 (uchod/above): Galeri Caernarfon ac Elinor Bennett; t 3, 9, 13, 20, 25, 28 The
Photolibrary Wales www.photolibrarywales.com; tt. 8, 22: Dafydd Iwan; tt. 11, 19 (de / right):
Mrs Helen Forder; t.24 (isod/below): Gerallt Llewelyn; t.28 Carol Harries.
Pob llun arall gan yr awdur. All other photos courtesy of the author.

Cyhoeddir fel rhan o gyfres gomisiwn *Cip ar Gymru* Cyngor Llyfrau Cymru.
Published in the *Wonder Wales* series commissioned by the Welsh Books Council.

ISBN 1 84323 373 8